# 28式综合太极剑

张山 等／主编

北京体育大学出版社

策划编辑：曾　莉
责任编辑：曾　莉
责任校对：张志富
版式设计：高文函

**图书在版编目（CIP）数据**

28 式综合太极剑 / 张山等主编．-- 北京：北京体育大学出版社，2021.12
（28 式综合太极拳（械）丛书）
ISBN 978-7-5644-3513-4

Ⅰ．① 2… Ⅱ．①张… Ⅲ．①剑术（武术）—基本知识—中国 Ⅳ．① G852.24

中国版本图书馆 CIP 数据核字（2021）第 261847 号

28 式综合太极剑
28 SHI ZONGHE TAIJI JIAN
张山　等　主编

出版发行：北京体育大学出版社
址　　址：北京市海淀区农大南路 1 号院 2 号楼 2 层办公 B-212
邮　　编：100084
网　　址：http://cbs.bsu.edu.cn
发 行 部：010-62989320
邮 购 部：北京体育大学出版社读者服务部 010-62989432
印　　刷：北京瑞禾彩色印刷有限公司
开　　本：710mm × 1000mm　1/16
成品尺寸：170mm × 240mm
印　　张：6
字　　数：114 千字
版　　次：2021 年 12 月第 1 版
印　　次：2021 年 12 月第 1 次印刷
定　　价：45.00 元

# 《28式综合太极剑》编委会

**主　　编：** 张　山　黄康辉　武世俊　崔仲三　齐保卫　张保国　胡春泉　刘　利

**副 主 编：** 栾玉香　张万强　周青泉　张勇涛　董振平　韩建春　顾家英　王建华　王海燕　李　靖　范宝义　张保杰　皮传琼　周　亮　张建忠　魏雪拽　王末香　李满屯　张小才

**编　　委：**（排名不分先后）
王先进　王　伟　黄子悦　王俊英　龙乃菁　平志刚　冉晨浩　冯淑珍　朱丽勤　朱　虹　刘中瑞　刘金凤　闫连明　苏　玥　李玉子　李红阳　李春松　杨代弟　杨守强　何嘉能　邹建华　汪　娟　张爱凤　张　燕　张鑫泽　周素珍　庞苏亮　洪　丽　铁煜荷　徐利卫　郭　亮　郭象琴　黄文彬　黄　丽　董晓梅　喻继红　童　飞　谢　晖　蒋蕴华

**编辑工作：** 王海燕　张保国　周　亮　李春松

**技术演示：** 铁煜荷　何嘉能

# 专家顾问简介

**朱瑞琪：**北京体育大学教授、博士生导师，武术国际裁判，中国武术九段，国家体育总局武术研究院专家委员会专家。

**马学智：**北京体育大学中国武术学院党委书记兼院长，教授、博士生导师。

**李俊峰：**曾任北京武术队教练，并多次担任国家队主教练参加国际比赛与表演。在获奖影片《武林志》中扮演男主角——东方旭。

**杨　丽：**女，北京体育大学教授，中国武术九段，国家级武术裁判，中国武术协会理事，杨式太极扇的创编者。

**周之华：**曾任首都体育学院武术与表演学院院长、教授、博士生导师，中国武术九段，中国武术协会理事，北京市武术运动协会副主席。

**张鸿骏：**曾任国家散打队教练，国际级裁判，中国武术九段。形意、八卦的非遗传承人，意拳第三代主要传承人。

**冯秀芳：**女，国际混元太极拳联合会理事长，北京武术协会陈式心意混元太极拳专家委员会主任。

**刘　伟：**吴式太极拳非遗传承人之一，武术高级教练，中国武术七段，北京吴式太极拳研究会会长。

**刘树春：**中国武术八段，孙式太极拳名家，北京孙禄堂武学文化发展中心主任，北京武术协会孙式太极拳专业委员会主任。

**龚建新：**《中华武术》杂志执行主编，资深编审。

**邵守俊：**中国武术七段，国家级裁判员，国家级段位考评员，国家社会体育指导员，曾任《武魂》《武魂·武道》杂志主编。

**赵江峰：**《武魂·太极》杂志执行主编，资深媒体人。

专家顾问合影

第二排左起

刘　然　唐玄戈　喻继红　徐彩桐　刘　利　何嘉能　崔仲三　武世俊　刘亚军　王华锋　黄康辉　周　亮　董晓梅　李春松　铁煜荷　张保国　苑鹏飞

第一排左起

王海燕　刘　伟　刘树春　冯秀芳　杨　丽　朱瑞琪　王学敏　张　山　李俊峰　马学智　周之华　张鸿骏　龚建新　邵守俊　赵江峰

# 前 言

太极拳运动（含拳术、器械、推手等）是深受国内外喜爱的运动项目，它具有丰富的哲理、独特的运动形式、深厚的文化底蕴和显著的健身功能，吸引着越来越多的习练者。在快节奏的现代生活中，人们渴望幸福的生活和健康的身体，练习太极剑就是实现这一愿望的很好选择。

太极拳运动的推广和普及为全民健身提供了良好的条件。从小学到大学，从农村到城镇，从工厂到社区，从国内到国外，到处都可以见到太极拳和太极器械的习练者。据不完全统计，全国约5000万人练习太极拳和太极器械，世界约1.5亿人练习太极拳和太极器械，可见它深受大众喜爱。太极拳运动给人们带来了身心俱健的福祉。

为了推广和普及太极拳运动，丰富健身内容，适应当今传统武术套路比赛的要求，我们新编了《28式综合太极剑》。它具有太极拳运动的健身性、技击性、艺术性和观赏性特点，以及健身价值。经常练习太极剑可以体悟太极拳“刚柔相济、动静相生”的劲力变化及太极剑飘逸、柔和的美感。此套路分为4段，套路动作和布局结构较为新颖，并符合2012年中国武术协会审定的《传统武术套路竞赛规则》对比赛场地及时间的要求。

为了提高此书的编写质量，2020年11月8日，编委会特邀请了十多位专家顾问，给予技术审定，并给出了如下审定意见：

（1）套路特点比较突出，内容丰富，技术难度和运动量适中，易教学、易推广，符合大众健身体育的特点和要求。

（2）套路布局合理，套路动作编排连贯顺畅，重复动作少，全面锻炼身体各部位，既有新意，又继承传统风格。

（3）项目编排符合2012年中国武术协会审定的《传统武术套路竞赛规则》的要求，完全可以用于体育竞赛，对中国传统武术发展和太极剑的推广具有积极作用。

（4）希望新编的套路尽快推出，尽早让广大习武者受益。

在此，感谢各位专家顾问对创编工作的肯定、鼓励及大力支持。

在本书的编写过程中，我们得到了武术界朋友的大力支持与参与，使此书的编写工作顺利完成。尽管很努力地工作，书中也难免有不妥之处，恳请广大武术爱好者多多指正。

28式综合太极拳（械）丛书编委会

# 目 录
CONTENTS

# 一、太极拳源流简介

“太极”一词，源于《周易·系词》：“易有太极，是生两仪。”意即：太极是产生万物的本源，含有至高、至极、绝对、唯一之意。太极拳的取义也是这个意思。太极拳，武术拳种之一。太极拳早期名称也不统一，直至清乾隆年间山西王宗岳著有《太极拳论》一书，此为“太极拳”名称最早的文字记载，太极拳这个名称才确定下来。太极拳的起源，历来有种种说法。

（1）唐代（8世纪中期）许宣平、李道子所创。

（2）宋徽宗时（12世纪）武当山张三峰夜梦玄武大帝授拳，创编了太极拳。

（3）元末明初（14世纪）武当山道士张三丰所创。

（4）明初（14世纪）陈卜创编。

（5）明末清初（17世纪）的陈王廷（1600—1680）创编。

经中国武术史学家唐豪先生研究证实，太极拳最早传习于河南温县陈家沟陈姓家族中，创编人为陈王廷。他是陈氏始祖陈卜第九世孙，自幼习文练武，文武兼备，是一位很有创见的武术家。

太极拳的文化内涵主要来源有3个。

（1）吸收了明代各家拳法之长，特别是汲取了戚继光的32式长拳之精华。

（2）结合了古代导引、吐纳之术，如太极拳讲究意念导引，气沉丹田，讲究心静体松，重在内壮，被称为“内家拳”之一。

（3）运用了中国古典唯物哲学的阴阳学说和中医基本理论的经络学说，成为内外兼修的拳术。

太极拳经过300多年的流传衍变，发展出许多流派，其中流传较广、特点较明显的有陈、杨、吴、武、孙等流派。近期随着研究的深入，也有专家学者将赵堡太极拳、和式太极拳列为太极拳主要流派。各种流派太极拳各有自己的特点，自成体系。各流派太极拳间虽然在套路动作风格等方面各有不同，但它们之间仍保持着基本相同的技术要求和运动特点。在身体姿势方面要求虚领顶劲，含胸拔背、松腰敛臀、圆裆松胯、沉肩垂肘、舒指坐腕、尾闾中正；在动作运转路线方面，均要求弧形圆转，连贯圆活等；在动作速度和劲力上，要求以柔和缓慢为主，速度适宜。在整体上，要求以意导体，以体导气，意、气、体三者协调配合。在技击方面，要求刚柔相济。各式太极拳，除拳术套路外，又各有器械套路和推手内容。

太极拳运动，因其富有独特韵味和较深的哲理，对强身健体、预防疾病等均有良好的作用，所以越来越受到世界各国人士的喜爱，使他们受益匪浅。太极拳运动为增进人们的健康长寿发挥着越来越大的作用。

# 二、太极拳、械的生理保健作用

实践证明，太极拳是一种健身与预防疾病的有效手段，除增强体质外，也可辅助调理高血压病、心脏病、糖尿病等，它已被应用到体育医疗中。史料证明，我国是最早应用体育健身和防治疾病的国家。在我国最老的医学经典著作《黄帝内经·素问》中就曾这样提过："其病多痿厥寒热，其治宜导引。"1800多年以前，华佗曾编创了"五禽戏"作为健身运动，他的理论是："人体长动摇则谷气消，血脉通，病不生，人犹户枢不朽是也。"这都说明体育在防病和治病中有积极的意义。习练太极拳除全身各个肌肉群、关节需要活动外，还要配合深呼吸与横膈运动，特别要求练习者在打拳时，尽量做到"心静"以及精神贯注。这样就对中枢神经系统起到了良好的影响，从而为其他系统与器官机能的活动和改善打下了良好的基础。

## （一）对神经系统的影响

根据近年来生理学的发展，特别是许多生理学家对中枢神经的研究，我们进一步地认识了中枢神经系统对人体的重要作用。神经系统，尤其是它的高级部分，是调节与支配所有系统与器官活动的枢纽。人类依靠神经系统的活动，以适应外界环境并改造外界环境。人类靠神经系统的活动使人体各个系统与器官的机能活动按照需要统一起来。因此，任何一种锻炼方法，如果能增强中枢神经系统的机能，对全身来说，就有很好的保健作用，太极拳的优越性就在于此。

练太极拳要求"心静"，注意力集中，并且讲究"用意"，这些对大脑活动有良好的锻炼作用。此外，从动作上讲，练习太极拳时，动作要"完整一气"，由眼神到上肢、躯干、下肢，要协调一致，绵绵不断。由于某些动作比较复杂，更需要有良好的支配和平衡能力，因此，太极拳需要大脑在紧张的活动下完成，从而提高中枢神经系统的紧张度，促进其他系统与器官的活动能力，加强大脑机能的调节作用。

太极拳是"有氧运动"的典范。在运动全过程中，从不欠氧，并以特有的锻炼形式和呼吸方法，使体内氧得到补充，为行拳中放松僵硬的肢体和紧张的情绪提供了身心支持与保证。经常练习太极拳的人都会有周身舒适、精神焕发、反应灵敏的感觉，这些都是练拳的人情绪提高和兴趣浓厚的原因。情绪的提高在生理上有重要意义，它可以使各种生理机能活跃起来。对某些慢性病患者来讲，情绪的提高更为重要。这些都充分说明了练习太极拳对中枢神经系统的改善有良好的作用。

### （二）对心血管系统及呼吸系统的影响

太极拳对心血管系统的影响，是在中枢神经活动支配下发生的。就太极拳动作组成来说，它包括了各组肌肉、关节的活动和有节律的呼吸运动，特别是横膈运动。因此，它能加强血液及淋巴的循环，是减少体内淤血的良好办法。

众所周知，全身各种骨骼肌的周期性收缩与舒张，可以加强静脉的血液循环，肌肉的活动保证了静脉血液回流。呼吸运动同样也能加速静脉的回流。比如，吸气时胸廓的内容积增大，内部的负压增高，导致上下腔静脉的压力减低，静脉回流加速。这一点在练习太极拳的过程中表现得非常明显。由于太极拳运动可以有意识地使呼吸与动作自然配合，增强了通气功能，呼吸效果就会增加，也会更好地加速血液与淋巴的循环。

练习太极拳时，要求气向下沉，即“气沉丹田”，这是一种横膈呼吸，它在医疗与保健中都有很好的作用。我们说太极拳是“内练一口气，外练筋骨皮”，太极拳是通过练有形之身，得无形之气，而气的重要作用就在于“内强五脏和六腑”。膈肌与腹肌的收缩与舒张，使腹压不断改变，腹压增高时，腹腔的静脉受到压力的作用，把血液输入右心房；相反，当腹压减低时，血液则向腹腔输入。这样，呼吸运动就可以改善血液循环的状况，加强心肌的营养。此外，横膈的运动又可以给肝以有规律性的按摩作用，是消除肝淤血、改善肝动能的良好方法。所以，练习太极拳可以提高中枢神经系统的调节机能，改善体内器官之间的协调活动，使迷走神经紧张度增高，各器官组织供血、供氧充分，物质代谢也得到改善；可以使心脏冠状动脉供血充足，心脏收缩有力，血液动力过程良好，对预防心脏病及动脉硬化等疾病有良好的作用。2015年9月，一项发表于《英国运动学》杂志的回顾研究表明，太极拳对治疗癌症、骨关节炎、心脏衰竭和慢性堵塞性肺病等有较好的辅助作用。

### （三）对骨骼及关节的影响

练习太极拳时要求“含胸松腰拔背”“腰脊为第一主宰”，说明练太极拳时与腰部活动有着密切的关系。经常练习太极拳，对脊柱的形态和组织结构都有良好的锻炼作用。经常练习太极拳的人脊柱活动较多，驼背的发生率远比一般人低。

老年骨质疏松是一种衰老的退行性变化，其原因主要是骨组织中成骨细胞不活跃，不能产生骨的蛋白基质，致使骨生长减少，吸收多，骨质变松。骨质疏松就容易产生畸形，关节活动也就不灵活。而练习太极拳要求动作连贯、圆活、周身节节贯穿，因此，练习太极拳对骨质疏松有一定的防治作用。

2020年以来，在抗击新冠肺炎疫情期间，基于钟南山、张伯礼等院士的肯定和推介，加上广大太极拳爱好者的努力，太极拳对“提高免疫力”“改善心血管功能”的效果受到重视，成为广大群众提高身体素质的重要选项。从这个意义上讲，太极拳迎来了推广和发展的春天。

综上所述，太极拳是一种合乎生理规律、轻松柔和的健身运动，它对中枢神经系统有良好的影响，加强了心脏、血管与呼吸的功能，能减少体内淤血，改善消化系统功能与体内物质代谢功能。从医学的观点上看，太极拳是一项很好的保健、医疗体育运动，是当代人们养生健身的首选。

# 三、28式综合太极剑基本技术要领

## （一）手型

太极剑的手型主要是剑指：中指与食指伸直并拢，其余三指屈于手心，拇指压在无名指和小指的第一指节上。（图3–1）

图3–1

## （二）步型

### 1. 弓步

前腿全脚掌着地，脚尖朝前，屈膝前弓，膝部不得超过脚尖；后腿自然伸直，脚尖斜向前方，全脚掌着地；两脚横向距离10～20厘米。（图3–2、图3–3）

图3–2

图3–3

### 2. 马步

第一种：两脚左右开立，两腿距离约为脚长的3倍，脚尖稍外展，屈膝半蹲。（图3–4）

第二种：两脚左右开立，与肩同宽，脚尖正对前方，屈膝半蹲。（图3–5）

图3–4

图3–5

**3. 虚步**

一腿屈膝下蹲，全脚掌着地，脚尖斜向前45°，另一腿微屈，以脚前掌或脚跟点于身前。（图3–6）

**4. 仆步**

一腿屈膝全蹲，膝与脚尖稍外展，另一腿自然伸直，平铺接近地面，脚尖内扣，两脚全脚掌着地。（图3–7）

图3–6

图3–7

**5. 丁步**

一腿屈膝半蹲，全脚掌着地，另一腿屈膝，以脚前掌或脚尖点于支撑腿脚内侧。（图3–8）

**6. 歇步**

两腿交叉屈膝半蹲，前脚尖外展，全脚掌着地，后脚尖朝前，膝部附于前腿外侧，脚跟离地，臀部接近后脚跟。（图3–9）

图3–8

图3–9

**7. 独立步**

一腿自然直立，支撑站稳，另一腿在体前或体侧屈膝提起，膝高于腰部，小腿自然下垂。（图3–10）

**8. 平行步**

两脚分开，脚尖朝前，屈膝下蹲，两脚外缘同肩宽。（图3–11、图3–12）

图3–10

图3-11

图3-12

## （三）步法

**1. 上步**

后脚抬起经支撑腿向前上步。（图3-13至图3-15）

图3-13

图3-14

图3-15

2. 退步

前脚后退一步。（图3–16至图3–18）

图3–16

图3–17

图3–18

3. 撤步

前脚或后脚退半步。（图3–19至图3–21）

图3–19

图3–20

图3–21

### 4. 盖步

一脚经支撑脚向前横落。（图3-22至图3-24）

图3-22

图3-23

图3-24

### 5. 插步

一脚经支撑脚向后横落。（图3-25、图3-26）

图3-25

图3-26

### 6. 跳步

前脚蹬地跳起，后脚前摆落地。（图3-27、图3-28）

图3-27

图3-28

### 7. 行步

腿微屈，两脚连续上步，步幅均匀，重心平稳。（图3-29至图3-31）

图3-29

图3-30

图3-31

## 8. 摆步

上步落地时脚尖外摆，与后脚成“八”字。（图3-32、图3-33）

图3-32

图3-33

## 9. 扣步

上步落地时脚尖内扣，与后脚成“八”字。（图3-34、图3-35）

图3-34

图3-35

**10. 跟步**

后脚向前跟进半步。（图3–36、图3–37）

图3–36

图3–37

**11. 碾步**

以脚前掌为轴，脚跟外展。（图3–38、图3–39）

图3–38

图3–39

太极剑对步法的要求与太极拳基本相同。各种步法要求做到：转换进退虚实分明，轻灵稳健。前进时，脚跟先着地；后退时，脚掌先着地，不可重滞突然。重心移动平稳、均匀、清楚。两脚距离和跨度要适当，脚掌和脚跟碾转要合度。膝部要松活自然。直腿时，膝部不可僵挺。

## （四）腿法

### 1. 蹬脚

支撑腿微屈站稳，另一腿屈膝提起，勾脚，以脚跟为力点慢慢蹬出，腿自然伸直，脚高过腰部。（图3–40、图3–41）

图3–40

图3–41

### 2. 震脚

支撑腿微屈，另一腿提起，以全脚掌向地面踏震，劲须松沉。（图3–42至图3–44）

图3-42

图3-43

图3-44

## （五）身型

**1. 头**

向上虚虚领起，下颌微内收，不可偏歪或摇摆。

**2. 颈**

自然竖直，肌肉不可紧张。

**3. 肩**

保持松沉，不可耸起，也不可后张或前扣。

**4. 肘**

自然下坠，不可僵直、外翻或扬起。

**5. 胸**

舒松自然，不要外挺，也不要故意内缩。

**6. 背**

自然放松，舒展拔伸，不可弓背。

**7. 腰**

自然放松，不可后弓或前挺；运转要灵活，以腰为轴带动手足。

**8. 脊**

保持正直，不可左歪右斜，前挺后弓。

**9. 臀、胯**

臀要注意敛收，不可向后突出或摇摆；胯要松、缩、正，不可左右突出歪扭。

**10. 膝**

伸屈要柔和自然。

## （六）身法

端正自然，不偏不倚，舒展大方，旋转松活；不可僵滞浮软、忽起忽落；动作要以腰为轴，带动上下，完整连贯。

## （七）眼法

定势时，眼看前方或看剑指或剑；换势运转时，要做到精神贯注，势动神随，神态自然。

## （八）剑法

剑，由剑身、剑格、剑柄、剑首等部分构成。剑身又分剑尖、剑刃和剑脊。（图3–45）

剑的长度，以直臂垂肘反手持剑的姿势为准，剑尖不得低于本人的耳上端。剑可带剑穗。剑的重量、穗的长短不限。

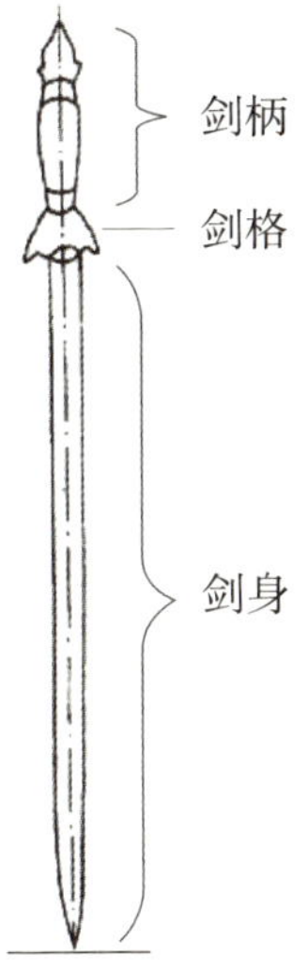


图3–45

握剑的方法分为持剑和握剑两种。

持剑：掌心贴近剑格，食指伸直按于剑柄，拇指为一侧，其余三指为另一侧，直腕，手指扣握剑柄，剑脊贴近前臂。（图3–46至图3–48）

图3–46

图3–47

图3–48

握剑：拇指为一侧，其余四指为另一侧，握拢剑柄，虎口靠近剑格，并须与剑刃相对。运动时，五指松握剑柄，手心要松空，使剑在手中灵活运转。（图3–49）

图3–49

**1. 点剑**

立剑，提腕，使剑尖由上向前下，臂自然伸直，力达剑锋。（图3–50至图3–52）

图3–50

图3–51

图3–52

**2. 崩剑**

立剑，沉腕，使剑尖向上，发力于腕，力达剑锋。（图3–53、图3–54）

图3–53

图3–54

**3. 撩剑**

立剑，由下向前上方为撩，力达剑身前部为正撩剑，前臂外旋，手心朝上，贴身弧形撩出；反撩剑前臂内旋，余同正撩剑。（图3–55至图3–57）

图3-55

图3-56

图3-57

**4. 劈剑**

立剑，自上向下为劈，力达剑身。抡劈剑则须将剑抡一立圆，然后向前下劈。（图3-58、图3-59）

图3-58

图3-59

### 5. 刺剑

立剑或平剑，向前直出为刺，力达剑尖，臂与剑成一直线。平刺剑，剑尖高与肩平；上刺剑，剑尖高与头平；下刺剑，剑尖高与膝平；探刺剑，臂内旋使手心朝外，经肩上侧向前上方或下方立剑刺出。（图3–60、图3–61）

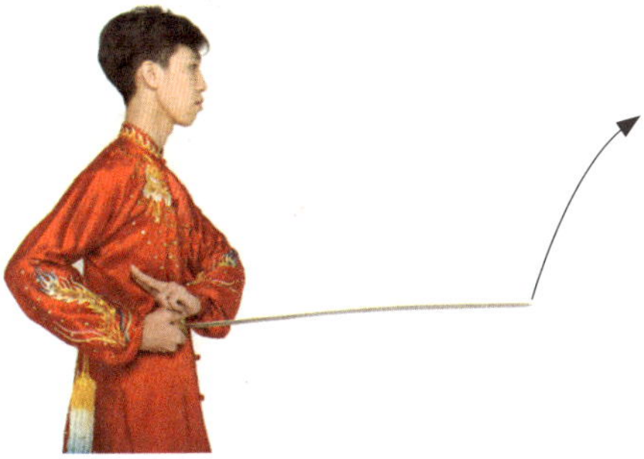

图3–60

图3–61

### 6. 拦剑

左拦剑：立剑，臂内旋，由左下向右前方斜出，腕与肩平，剑尖朝左前下方，力达剑刃。（图3–62）

右拦剑：立剑，臂外旋，由右下向左前方斜出，剑尖朝右前下方，力达剑刃。（图3–63、图3–64）

图3–62

图3–63

图3–64

### 7. 挂剑

立剑，剑尖由前向下、向同侧或异侧后方贴身挂出，力达剑身前部。（图3-65至图3-68）

图3-65

图3-66

图3-67

图3-68

### 8. 削剑

平剑，自异侧下方经胸前向同侧前上方斜出为削，手心斜向上，剑尖略高于头。（图3-69、图3-70）

图3-69

图3-70

### 9. 云剑

平剑，在头前方平圆绕环为云。（图3-71至图3-74）

图3-71

图3-72

图3-73

图3-74

### 10. 抹剑

平剑，从一侧经前弧形向另一侧回抽为抹，腕与胸平，剑尖朝异侧前方，力达剑身。（图3–75、图3–76）

图3–75

图3–76

### 11. 截剑

剑身斜向上或斜向下为截，力达剑身前部。上截剑斜向上，下截剑斜向下，后截剑斜向右后下方。（图3–77、图3–78）

图3–77

图3–78

**12. 带剑**

平剑，由前向左或右屈臂回抽为带，腕高不过胸，剑尖斜朝前，力达剑身。（图3–79、图3–80）

图3–79

图3–80

**13. 斩剑**

平剑，向右横出，高度在头与肩之间为斩，力达剑身。

**14. 架剑**

平剑，横向上为架，剑高过头，力达剑身，手心朝外。（图3–81、图3–82）

以上各种剑法均要做到剑法清楚，劲力顺达，力点准确，身剑协调，方法正确。

图3–81

图3–82

# 四、28式综合太极剑动作图解

## （一）动作名称

全套动作演示

起势（杨式）

第一段

1. 并步点剑（杨式）
2. 盖步云剑（42剑）
3. 转身劈剑（杨式）
4. 虚步架剑（杨式）
5. 上步挂剑（吴式）
6. 虚步反刺（吴式）
7. 弓步下截（42剑）

第二段

8. 弓步下刺（42剑）
9. 缩身斜带（32剑）
10. 提膝捧剑（42剑）
11. 蹬脚前刺（42剑）
12. 跳步平刺（42剑）
13. 转身下刺（杨式）
14. 弓步平斩（杨式）

第三段

15. 歇步架剑（杨式）
16. 弓步拦剑（32剑）
17. 进步反刺（32剑）
18. 独立劈剑（杨式）
19. 上步点剑（杨式）
20. 撤步撩剑（陈式）
21. 震脚压剑（陈式）

第四段

22. 马步推剑（陈式）
23. 弓步挂刺（陈式）
24. 弓步上刺（陈式）
25. 仆步捧剑（陈式）
26. 丁步点剑（陈式）
27. 旋转平抹（32剑）
28. 弓步直刺（32剑）

收势

## （二）28式综合太极剑动作说明

### 起势（杨式）

起势

两脚并拢，脚尖朝前，舒胸展背，身体直立；两臂自然下垂于身体两侧；右手成剑指，手心朝里，左手持剑，手心

朝后，剑身竖直贴靠在左臂后面，剑尖朝上；目视前方。（图4–1）

左脚提起，向左迈半步，与肩同宽，身体重心在两腿中间；同时，两臂微屈，稍内旋，两手心向后；目视前方。（图4–2）

图4–1

图4–2

两臂前举，与肩同高同宽，两手下按于腹前，掌心向下，剑尖向后；同时，两腿屈膝下蹲。（图4–3、图4–4）

图4–3

图4–4

身体右转，重心移至左腿，右腿提起向内收转成虚步；同时，两手向左右平开，左手向上画弧转置胸前，右手向下画弧转至腹前，两掌心相对成抱球式。（图4–5、图4–6）

图4–5

图4–6

右脚提起向右前方上步，脚跟先着地，随之屈膝前弓；同时，右手向前上方弧形掤出，左手持剑向前轻抚在右腕内侧，接着，两手逆缠前伸；随之左腿屈膝，重心后坐；两臂屈肘，两手内收至胸前，向下画弧按至腹前，紧接着向前推按，与胸同高，掌心向前；右腿随按掌向前弓膝成右弓步。（图4–7至图4–12）

图4–7

图4–8

图4–9

图4-10

图4-11

图4-12

身体重心后移，右脚尖内扣，身体重心移至右腿，左脚提起向内收转至右脚内侧；同时左臂屈肘至胸前，右手剑指外旋画弧转至右侧前方，掌心向上，剑指斜向右前上方。（图4-13至图4-15）

图4-13

图4-14

图4-15

左脚提起向左斜前方上步，脚跟先着地，随之屈膝前弓；同时，右臂屈肘，右手向内转至右耳侧，随弓膝向前指出，左手持剑，向下、向左搂转至左胯侧，臂微屈，剑尖向上；目视前方。（图4-16、图4-17）

图4-16

图4-17

身体重心向前移至左腿，右脚提起向前上步，脚跟先着地，随之脚尖外摆，重心前移，左腿屈膝，脚跟抬起；同时，左手抬起经右手上侧向前穿出，与肩同高，右手向下、向右画弧转至右侧前方，与肩同高；眼看右侧前方。（图4-18至图4-20）

图4-18

图4-19

图4-20

左脚提起向前上步，脚跟着地，随之屈膝前弓，后腿自然伸直；同时右臂屈肘，右手剑指经右耳侧向前转至左手内侧，左手随之前挤；目视前方。（图4–21、图4–22）

图4–21

图4–22

## 第一段

### 1. 并步点剑（杨式）

身法不变，左腿弓住，右腿提起向前并步；同时右手握剑，剑尖向上、向前下方画弧点出，力达剑尖，左手松开握成剑指，扶按在右腕内侧；目视前下方。（图4–23、图4–24）

并步点剑

图4–23

图4–24

### 2. 盖步云剑（42剑）

身体重心移至右腿，左脚提起向左前方上步，脚跟先着地，随之身体重心前移至左腿；同时，右手先内旋，接着变外旋，画弧向下经腹前转至胸前，掌心向上，左手剑指随右手转动，扶按在右腕内侧。（图4–25至图4–27）

盖步云剑

图4–25

图4–26

图4–27

右脚经左脚内侧向右前方上步，脚跟先着地，随之屈膝前弓，成右弓步；同时右手向右前上方伸展，剑尖斜向右前上方，左手内旋，向左方画弧转至左胯前。（图4–28、图4–29）

图4–28

图4–29

身体稍右转，左脚提起经右腿前侧向右前方做一个盖跳步，左脚着地，右脚抬起，接着右脚向右前方上步，成右弓步；同时右手剑继续向右、向内画弧，经额前上方转至左侧前方，随弓步向右平带，剑横于胸前，掌心向下，剑尖斜向左前方，左手向上扶按右手腕，随右手转动。（图4–30至图4–33）

图4–30

图4–31

图4–32

图4–33

右腿弓住，身体重心前移至右腿，随之左脚提起向内收转至右脚内侧；同时，右手剑继续向右画弧收转至右侧腰间，掌心向下，左手跟随。（图4–34）

左脚向左前方上步，脚跟着地，脚尖翘起；随之右手剑向右前方刺出，手心向下，剑尖斜向右前方，同时，左手向下、向左画弧转出。（图4–35）

图4–34

图4–35

左腿屈膝前弓，重心前移，右腿提起经左腿前侧向左前方做一个盖跳步，右脚着地，左脚抬起，接着左脚向左前方上步，成左弓步；同时，右手剑向内画弧转至胸前，手变外旋，剑继续向内画弧，经额前上方绕环至右侧前方，随弓膝向左平带至胸前，手心向上，剑尖斜向右前方，左手随右手画弧旋转至额前上方，手心斜向上；眼看右前方。（图4–36至图4–40）。

图4–36

图4-37

图4-38

图4-39

图4-40

### 3. 转身劈剑（杨式）

身体右转，左脚尖向内扣转，右脚提起向内收转至左脚内侧，接着向右前方上步，脚跟着地，脚尖翘起；同时左手向内、向下转落至腹前，手心向上，右手下沉落至左侧胯前，手变内旋向上画弧转至头上方，剑横架于头前上方，剑尖向左。（图4-41至图4-43）

转身劈剑

图4-41

图4-42

图4-43

右脚尖落地，随之屈膝前弓成右弓步，左腿自然伸直；同时右手剑向右前方劈下，与肩同高，力达剑刃下方，左手向上画弧转至左侧前方，与肩同高，手心向外，指尖斜向前；眼看剑的前方。（图4-44）

图4-44

**4. 虚步架剑（杨式）**

身体右转，右脚尖外摆，重心移至右腿，左脚提起向前上步，脚前掌着地，形成左前虚步；同时，左手向前，剑指轻抚右手腕侧，然后向上立于右肩前；右手内旋向下画弧，经腹前向上转架至头前上方，剑尖斜向左前方。（图4-45、图4-46）

虚步架剑

图4-45

图4-46

### 5. 上步挂剑（吴式）

身体左转，左脚跟落地，脚尖外摆，重心移至左腿，右脚提起向前上步，脚跟着地，脚尖翘起；同时右手剑剑尖向下，贴左腿外侧向后、向上画弧，挂转至右侧前上方，剑尖斜向前上方，左手随右手转动，扶按至右腕内侧；目视前方。（图4–47至图4–49）

上步挂剑

图4–47

图4–48

图4–49

身体右转，右脚尖外摆，重心移至右腿，左脚提起向前上步，脚跟着地；同时，右手外旋，剑尖向下，贴右腿外侧向后、向上画弧，挂转至侧前上方，剑尖向前，左手随右手转动，扶按至右腕内侧随之转至胸前；目视前方。（图4-50至图4-53）

图4-50

图4-51

图4-52

图4-53

### 6. 虚步反刺（吴式）

虚步反刺

身体左转，左脚尖外摆下落，重心移至左腿，右脚提起向前上步，脚尖着地成右前虚步；同时右手剑剑尖向下，贴左腿外侧向后、向上画弧，挂转至右侧前上方，剑尖斜向前下方刺出，手心斜向右前方，左手随右手转动，扶按至右腕内侧；目视前方。（图4–54至图4–56）

图4–54

图4–55

图4–56

### 7. 弓步下截（42剑）

弓步下截

身体稍右转，右脚提起向右前方上步随之屈膝前弓成右弓步，左腿自然伸直；右手内旋，剑向内、向右前画弧转至右前方，剑尖斜向前下方，手与胸同高，左手扶按在右腕内侧。（图4–57）

右腿弓住，重心移至右腿，左脚提起经右脚内侧向左前方上步，随之屈膝前弓成左弓步，右腿自然伸直；同时，右手外旋，向内随弓步向左前方画弧转出，手与胸同高，剑尖斜向前下方，左手内旋向上画弧转至额前上方，掌心斜向上，掌指向右；目视前方。（图4–58、图4–59）

图4-57

图4-58

图4-59

第二段

**8. 弓步下刺（42剑）**

弓步下刺

身体稍右转，左腿弓住，重心移向左腿，右腿屈膝提起；同时，右臂屈肘向内收转至右侧腹前，左手向下、向右落至右手上侧。（图4-60）

身法不变，右脚下落震脚，落至左脚内侧，左脚迅速提起，向左前方上步，脚跟先着地，脚尖翘起，接着脚尖落地踏实，向前成左弓步，右腿自然伸直；右手剑向前下方发力刺出，力达剑尖，左手内旋向上转至额前上方，掌心向上，掌指斜向右；目视前方。（图4-61至图4-64）

图4-60

图4-61

图4-62

图4-63

图4-64

### 9. 缩身斜带（32剑）

缩身斜带

身体重心后移，左腿提起向后撤步；同时，右手内旋向右画弧变外旋，向内收转至右侧腰间，接着向前刺出，与肩同高，手心向下，剑尖向前，左手下落，随之向右画弧，转至右侧，与肩同高，掌心斜向外，掌指斜向上；目视前方。（图4-65、图4-66）

图4-65

图4-66

身体稍左转，重心后移至左腿，成右前虚步；同时右手外旋，屈臂向内收转至左侧腹前，剑尖斜向前，左手下落按于右腕内侧。（图4-67）

图4-67

身体右转，右脚提起经左脚内侧向右后方撤步，随之重心移至右腿，成左前虚步；同时，剑向前刺出，与肩同高，右手变内旋，屈臂向下、向内收转至右侧胯前，掌心

向下，剑尖斜向前，左手向左画弧转至左侧胯前，掌心向下，掌指斜向前；目视前方。（图4-68至图4-70）

图4-68

图4-69

图4-70

**10. 提膝捧剑（42剑）**

身法不变，左脚提起向前上步，随之屈膝前弓，重心移至左腿，右腿屈膝提起，成独立式，膝关节高于腰，脚尖自然下垂；同时，右手剑向前平刺，左手向左打开，与肩同高，接着，两手变外旋向内合抱于胸前，掌心向上，

提膝捧剑

臂微屈，左手托抱于右手下侧，剑尖向前；目视前方。（图4-71、图4-72）

图4-71

图4-72

**11. 蹬脚前刺（42剑）**

身法不变，左腿站稳，右脚尖勾起，脚跟用力，向前蹬出，高于腰；同时，两手捧剑向前刺出，力达剑尖。（图4-73）

蹬脚前刺

图4-73

### 12. 跳步平刺（42剑）

左腿屈膝下蹲，右脚下落，重心随之前移，左腿向后自然伸展；同时，两手捧剑向前刺出。（图4-74）

紧接着右脚蹬地发力，向上跃起，左脚向前落地，随之屈膝缓冲，迅速提起右脚向前上步，脚跟着地，脚尖翘起；同时，两手内旋，屈臂向内、向下落至胯前，掌心向下，剑尖斜向前；目视前方。（图4-75、图4-76）

跳步平刺

图4-74

图4-75

图4-76

身法不变，右脚尖落地，屈膝前弓，左腿自然伸直，成右弓步；同时右手外旋向前方刺出，力达剑尖，与胸同高，左手向左转至左侧前方，与肩同高，掌心向外，掌指斜向前。（图4–77）

图4–77

### 13. 转身下刺（杨式）

身体左转，左腿屈膝，重心移至左腿，右腿自然伸直，接着右腿弓膝，重心移至右腿；同时，右手剑向左平云至左侧前方，屈臂回带收转至腹前，掌心向上，剑尖斜向下，左手向内按在右腕内侧。（图4–78至图4–80）

转身下刺

图4–78

图4–79

图4-80

左腿屈膝提起，身体左转180°，接着左脚向左前方上步，随之屈膝前弓，成左弓步；同时，右手剑向前下方刺出，手心向上，剑尖斜向前下方，左手向左、向上画弧转至额前上方，掌心斜向上，掌指斜向前。（图4-81至图4-84）

图4-81

图4-82

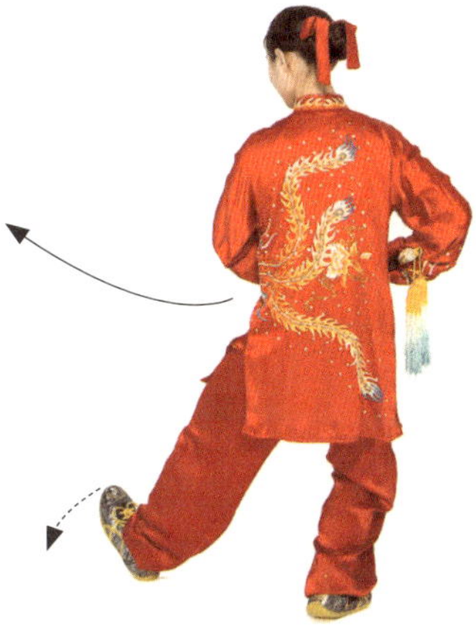

图4-83

图4-84

**14. 弓步平斩（杨式）**

身体右转，右脚尖外摆，右腿弓膝，重心移至右腿，左脚尖内扣，左腿自然伸直，成右弓步；同时，右手剑随转体向右前上方削出，剑尖高于肩，左手下按至左胯侧；目视右前方。（图4-85、图4-86）

弓步平斩

图4-85

图4-86

## 第三段

### 15. 歇步架剑（杨式）

歇步架剑

身体稍左转再右转，右脚活步落于左脚前侧，脚尖外摆，两腿屈膝下蹲，右脚跟抬起，前脚掌着地，形成高歇步；同时，右手剑向左、向下、向右、向上画弧转至右侧上方，横架于额前上方，剑尖向左，左手向内画弧收至右侧肩前；目视左侧前方。（图4-87至图4-90）

图4-87

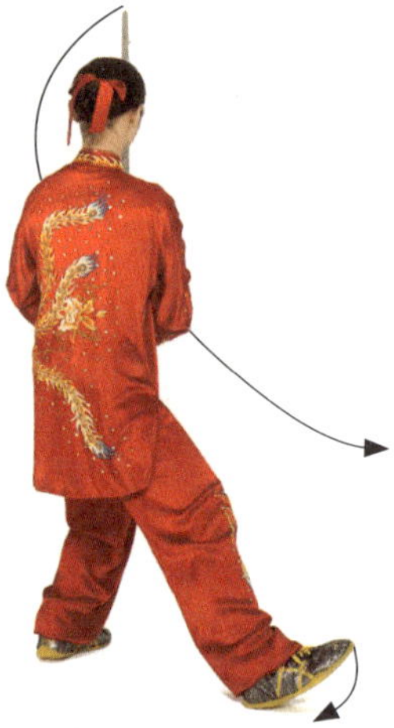

图4-88

图4-89

图4-90

### 16. 弓步拦剑（32剑）

右腿弓住，左腿提起向左前方上步，脚跟着地，脚尖翘起，接着屈膝前弓，右腿自然伸直成左弓步；同时，右手剑随弓步画弧向前拦出，手与胸同高，剑尖斜向前下方，左手向左上方画弧转至额前上方。（图4-91、图4-92）

弓步拦剑

图4-91

图4-92

左腿弓住，身体重心移至左腿，右脚提起经左脚内侧向右前方上步，脚跟先着地，脚尖翘起，接着脚尖落地，屈膝前弓，左腿自然伸直成右弓步；同时，右手剑向左、向内收，右手变内旋，向右前方拦出，手与胸同高，剑尖斜向前下方，左手向内扶按右手腕内侧，随右手转动。（图4-93、图4-94）

图4-93

图4-94

右腿弓住，左脚提起经右脚内侧向左前方上步，脚跟先着地，脚尖翘起，接着脚尖落地，屈膝前弓，右腿自然伸直成左弓步；同时，右手外旋收至腰间，随弓步向左前方拦出，手与胸同高，剑尖斜向前下方，左手向左、向上转至额前上方；目视前方。（图4–95、图4–96）

图4–95

图4–96

**17. 进步反刺（32剑）**

身体右转，左腿弓住，右脚提起向前上步，脚跟先着地，脚尖外摆，两腿屈膝，右脚跟抬起，脚前掌着地；同时，左手扶按右腕内侧，接着右手剑剑尖向下、向后刺出，手与肩同高，左手随之向左伸展；目视右侧前方。（图4–97、图4–98）

图4–97

进步反刺

图4-98

身体左转，左脚提起向前上步，脚跟先着地，脚尖翘起，接着，脚尖落地，向前弓膝，右腿自然伸直成左弓步；同时，右腕下沉，剑尖向上，随弓膝向左前上方刺出，剑尖斜向前上方，左手向内扶按在右腕内侧；目视前方。（图4-99、图4-100）。

图4-99

图4-100

### 18. 独立劈剑（杨式）

右脚向前跟步，重心移至右腿，左腿屈膝提起，膝关节高于腰，脚尖自然下垂，成独立势；同时，右手剑向右抡劈，与肩同高，力达剑刃， 左手向下、向左、再向上画弧转至与肩高，掌心向外，指尖斜向前；目视右侧前方。（图4-101至图4-103）。

独立劈剑

图4-101

图4-102

图4-103

### 19. 上步点剑（杨式）

右腿屈膝下蹲，左脚向前上步，脚跟着地，脚尖翘起；接着，左手外旋，向内、向下转至腹前，掌心向上，右手外旋上举，剑横架于额上，剑尖朝右。（图4-104、图4-105）

上步点剑

图4-104

图4-105

左脚尖落地，向前弓膝，随之右脚提起向前上步，脚跟着地，脚尖翘起，接着脚尖落地，向前弓膝，重心移至右腿，左脚向前跟步，落在右脚左后方，脚前掌着地，脚跟抬起；同时，右手剑向下至腹前，随跟步向前下方点出，力达剑尖，左手向左、向上、向内转至右腕内侧；目视剑尖前方。（图4-106至图4-108）

图4-106

图4-107

图4-108

**20. 撤步撩剑（陈式）**

左脚向左走活步，脚前掌着地；同时，右手剑向左、向后、向下画一圆弧转至体前，剑尖斜向下。（图4-109、图4-110）

撤步撩剑

图4-109

图4-110

身体右转，步法不变；同时，右手剑向上、向右至右侧前方，剑不停继续向下、向左画一圆弧，转至左侧前上方；同时，右脚提起经左脚向后插步，脚前掌着地。（图4–111至图4–113）

图4–111

图4–112

图4–113

右脚跟落地，重心移至右腿，左脚提起向后撤步，随之重心移至左腿，右脚脚前掌着地，形成右前虚步；同时，右手剑向前、向上、向右转至右侧前方，剑尖斜向前，左手向左画弧展开。（图4–114、图4–115）

图4–114

图4–115

**21. 震脚压剑（陈式）**

身法不变，步法不变；两手外旋，向内合于腹前，向上掤于胸前，两掌心向上，两手内旋向下落于腹前，剑尖斜向前；目视前方。（图4–116、图4–117）

震脚压剑

图4–116

图4–117

接着，右腿屈膝提起，左脚蹬地发力向上跃起，随之左脚下落，屈膝下蹲，右脚向下震落；同时，两手外旋，捧剑向前上方托起，随之变内旋，随震脚发力下压于腹前，掌心向下，剑尖向前，左手掌心向下，指尖向前；目视前方。（图4–118至图4–120）

图4–118

图4–119

图4–120

### 22. 马步推剑（陈式）

马步推剑

身体先左转，右脚向前活步，脚跟着地，脚尖翘起；同时，右手剑向上、向左转至胸前，两手抱于胸前，剑尖向上；目视右前方。（图4-121）

右脚尖落地，向前弓膝，左脚提起向前上步，右脚跟自然抬起，脚前掌着地，形成盖步；两手内旋，右手剑继续向左、向下转至右侧前方，左手向左自然伸展，与肩同高。（图4-122、图4-123）

图4-121

图4-122

图4-123

左腿弓住，右脚提起向前上步，脚跟先着地，脚尖翘起，接着右脚尖内扣，屈膝下蹲，形成马步；同时，右手剑向上、向右转至右侧胸前，向前发力推出，剑尖向上，臂微屈，左手迅速向左平展，掌心向外，掌指向上；目视右侧前方。（图4–124、图4 –125）

图4–124

图4–125

**23. 弓步挂刺（陈式）**

左脚向左前方走活步，随之两腿屈膝成马步；同时，右手握剑，剑尖向上经额前上方向左腿后下侧挂刺，剑尖斜向下，左手扶按在右腕内侧。（图4–126、图4–127）

图4–126

图4–127

## 24. 弓步上刺（陈式）

身体右转，左脚提起经右脚前侧向前盖步，两腿屈膝，右脚跟自然抬起，脚前掌着地；同时，右手剑向上、向右、向下画弧，接着，右手外旋，随盖步向左胸前屈臂收转，剑横于胸前，剑尖向右，左手画弧，向内扶按于右腕内侧；目视右前方。（图4-128至图4-130）

弓步上刺

图4-128

图4-129

图4-130

重心移至左腿，右脚提起向前上步，随之屈膝前弓，左腿自然伸直，成右弓步；同时，右手剑向右前上方刺出，略高于肩，手心向上，左手内旋，向下、向左按至左胯前；目视右前方。（图4-131、图4-132）

图4-131

图4-132

## 25. 仆步捧剑（陈式）

身体左转，左腿屈膝前弓，右腿自然伸直，成左弓步；同时，剑向左平扫至左侧前方，剑尖向左前方，左手向内合于右腕内侧；目视左前方。（图4-133）

右腿屈膝下蹲，左腿自然伸直成仆步；同时，剑向回抽拉至右侧腹前，横于腹前，剑尖向左，左手随右手转动；目视左前方。（图4-134）

仆步捧剑

图4-133

图4-134

### 26. 丁步点剑（陈式）

左腿屈膝前弓，重心移向左腿，右脚提起向前跟步，落至左脚右后方，脚前掌着地，脚跟抬起；同时，右手剑向下、向右画一圆弧，随跟步向前点出，力达剑尖，左手向左自然伸展；目视前方。（图4–135至图4 –138）

丁步点剑

图4–135

图4–136

图4–137

图4–138

### 27. 旋转平抹（32剑）

身体右转，右脚提起向右上步，脚跟着地，脚尖翘起，接着脚尖外摆，重心前移，右脚跟随之抬起；同时，右手外旋，剑尖向右、向上再向左画弧转至胸前，手心向下，剑横于胸前，剑尖向左，左手向内扶按于右手腕内侧。（图4-139、图4-140）

图4-139

图4-140

身体继续右转，左脚提起向前上步，脚尖内扣，接着右脚提起经左脚后侧插步，向右转体，重心移向右腿，左脚前脚掌着地，形成左前虚步；同时，剑随转体向右平抹旋转一周，向下落于右胯前，掌心向下，剑尖斜向前，左手向左按于左胯前，掌心向下，指尖斜向前；目视前方。（图4-141至图4-143）

图4-141

图4-142

图4-143

### 28. 弓步直刺（32剑）

弓步直刺

身法不变，左脚提起向前上步，随之屈膝前弓，右腿自然伸直，成左弓步；同时，剑向前刺出，力达剑尖，与胸同高，左手向前扶按于左手内侧；目视剑前方。（图4-144）

图4-144

## 收势

身体右转，重心移至右腿；同时，右臂屈肘，剑向内收转至胸前，左手内旋屈臂，掌心握于右剑内侧，剑尖向左。（图4-145）

收势

图4-145

身体左转，重心移至左腿，右脚提起向前上步，呈开立步，随之两腿站直；同时，左手握剑，右手松开，剑向前、向下落于身体左侧，呈持剑状，右手握剑指，向前经胸前向下按于腹前，收转体侧；接着，左脚提起向右脚内侧并步，还原成起势；目视前方。（图4-146至图4-150）

图4-146

图4-147

图4-148

图4-149

图4-150

# 五、太极剑礼仪

我国自古就是礼仪之邦，有着悠久的礼仪传统。武林界一直有“未曾学艺先识礼”的传统。习武者平时的举止要端庄大方，有礼貌，言谈话语要有素养，而且要言必信，行必果，待人处事热情诚实，和蔼可亲，服饰要整洁得体。在表演竞技、教学训练、国内外武术交往中，都要严格按照武德的行为规范执行，表现出个人立身风度及容端体正的尚武本色的“精、气、神”，充分反映出习武者的良好素质。

中国武术协会对于武术行礼的方式做了统一规定。武术行礼主要分徒手礼、持械礼、递械礼、接械礼。徒手礼又分为抱拳礼和注目礼两种方式。

## （一）持剑礼

左手持剑，屈臂，使剑身贴前臂外侧，斜横于胸前，刃朝上下，右手拇指屈拢成斜侧立掌，以掌根附于左腕内侧，两腕部与锁骨窝同高，肘略低于手，两臂外撑，目视受礼者。（图5-1）

图5-1

## （二）递剑礼

并步直立，右手托（握）护手盘，左手托剑前身，使剑平横于胸前，剑尖朝左，目视接剑者。（图5-2）

### （三）接剑礼

并步直立，右手掌心朝上，托剑于递剑者两手间，左手手心朝下握剑柄，目视递剑者，右手接剑。（图5–3）

图5–2

图5–3

**技术演示人员介绍**

**铁煜荷** 女，2016年荣获全国武术套路锦标赛42式太极拳亚军、双人太极拳亚军，并荣获武术套路运动健将称号，2018年考入北京体育大学，师从黄康辉先生，2019年获中国大学生太极推手、长短兵锦标赛女子乙组太极推手、对练冠军。现为北京体育大学在校生。深圳市非物质文化遗产太极拳项目代表传承人。

**何嘉能** 男，广东省武术队队员，代表省队参加全国武术锦标赛，多次获得前三名的优异成绩，并获武术套路运动健将称号。现为北京体育大学在校生，三好学生。武术太极拳六段。

# 附录：《传统武术套路竞赛规则》

（2012中国武术协会审定）

## 第一章　竞赛组织机构

### 第一条　竞赛委员会

根据不同的比赛规模，可设立竞赛委员会、竞赛部或竞赛处，由负责竞赛业务的行政人员若干人组成。在大会组委会统一领导下，负责整个大会的竞赛组织工作。

### 第二条　竞赛监督委员会

一、竞赛监督委员会为竞赛的监督机构

二、竞赛监督委员会人员的组成

由主任1人、副主任1人、委员3或5人组成。

三、竞赛监督委员会的职责

（一）监督、检查仲裁委员会、裁判员的工作。

（二）监督、检查参赛运动队的比赛行为。

（三）有权对违纪的仲裁人员、裁判人员和运动队的相关人员做出处罚。

（四）竞赛监督委员会不直接参与仲裁委员会和裁判人员职责范围内的工作，不干涉仲裁委员会、裁判人员正确履行自己的职责，不改变裁判人员、仲裁委员会的裁决结果。

### 第三条　仲裁委员会

一、仲裁委员会人员的组成

由主任1人、副主任1人、委员3或5人组成。

二、仲裁委员会的职责

（一）接受运动队的申诉，并及时做出裁决，但不改变裁判结果。

（二）仲裁委员会会议出席人员必须超过半数，超过半数以上做出的决定方为有效。表决投票相等时，仲裁委员会主任有决定权。仲裁委员会成员不参加与本人所在单位有牵连问题的讨论与表决。

（三）仲裁委员会的裁决为最终裁决。

（四）仲裁委员会负责确定比赛时每块场地的仲裁录像位置。

## 第四条　裁判人员的组成

一、裁判人员的组成

（一）总裁判长1人、副裁判长1~2人。

（二）裁判组设裁判长1人、副裁判长1人；评分裁判员3~5人。根据竞赛的规模可设若干个裁判组。

（三）编排记录长1人。

（四）检录长1人。

二、辅助工作人员的组成（根据比赛规模，可适当增加或减少人员）

（一）竞赛电子系统操作人员每场地1~2人。

（二）编排记录员3~5人。

（三）检录员每场地2~3人。

（四）宣告员1~2人。

（五）放音员1~2人。

（六）摄像员每场地1~2人。

## 第五条　裁判员的职责

一、总裁判长

（一）组织领导各裁判组的工作，保证竞赛规则的执行，检查落实赛前各项准备工作。

（二）解释规则、规程，但无权修改规则、规程。

（三）在比赛过程中，根据比赛需要可调动裁判人员工作，裁判人员发生严重错误时，有权处理。

（四）审核并宣布成绩，做好裁判工作总结。

二、副总裁判长

（一）协助总裁判长的工作，并可重点负责竞赛中某一部分的工作。

（二）在总裁判长缺席时，代行其职责。

三、裁判长的职责

（一）组织本裁判组的业务学习和实施裁判工作。

（二）执行比赛中对套路时间不足或超出规定、重做、集体项目少于规定人数、配乐项目不符合要求等扣分。

（三）经总裁判长同意，有权对不合理的运动员应得分进行调整，但无权更改裁判员的评分。

（四）裁判员发生严重的评分错误时，可向总裁判长建议给予相应的处理。

四、副裁判长的职责

协助裁判长进行工作；负责管理本场地检录组的工作，保证本组比赛有序进行。

五、裁判员的职责

（一）服从裁判长的领导，参加裁判业务学习，做好准备工作。

（二）认真执行规则，独立进行评分，并做好临场评分记录。

（三）负责运动员整套动作演练的评分。

六、编排记录长的职责

（一）负责编排记录组的全部工作，审查报名表，并根据大会要求编排秩序册。

（二）负责比赛现场评分记录的审核；如遇特殊情况，可根据总裁判长指意，现场进行有关项目上场组别、顺序的调整（含人员、项目的增加或删减）。

（三）准备比赛所需表格，审查核实比赛成绩及排列名次。

（四）采用电子竞赛计分系统时，须做好裁判组与电子竞赛系统操作组的协调工作，保证竞赛成绩无误。

（五）如遇同分时，按规则规定处理好成绩，确定名次。

（六）编排成绩册。

七、检录长的职责

（一）负责在赛前协调安排布置场地，落实各场地检录处位置、运动员入场和退场的位置及标记。

（二）负责检录组的全部工作，及时与各裁判长沟通，如有变化及时报告总裁判长和宣告员。

### 第六条　辅助工作人员职责

一、编排记录员的职责

根据编排记录长分配的任务进行工作。

二、检录员的职责

（一）按照比赛顺序及时进行检录，将比赛运动员带入场后，向裁判长递交检录表。

（二）配合裁判长，做好现场运动员上场的检录工作；负责多名运动员同时上场时的起势位置的确定。

（三）负责将完成比赛的运动员带出场地，保证场内竞赛秩序井然。

三、宣告员的职责

报告比赛成绩，介绍有关竞赛规程、规则、比赛规模、传统武术拳种及项目特点等知识。

四、放音员的职责

（一）在比赛第一次检录时，负责收取配乐项目音乐光碟，根据比赛出场顺序进行编号，保证配乐项目比赛顺利进行。

（二）运动员站在比赛场地3~5秒钟之间，开始放音乐。

（三）比赛结束后，负责将音乐归还运动队。

五、摄像员的职责

（一）对全部竞赛项目进行现场摄像。

（二）遵照仲裁委员会、竞赛监督委员会的要求，负责播放相关项目录像。

（三）全部录像均应按大会规定予以保留，并交付竞赛处制作光盘存档资料。

## 第二章　参赛人员及其规定

### 第七条　参赛人员及其规定

参赛人员包括参赛队的运动员、教练员、领队和随队医生。为确保大会的顺利进行，须遵守以下规定：

（一）参赛者应按规程中的规定按时报名，并遵守大会各项规定。

（二）参赛组委会安排的领队会议（组委会）和教练员、裁判员联席会议，充分发表意见和提出疑问，一旦决定，严格遵照执行。

（三）参赛者应依据规则和规程公平竞争，履行武术礼仪，服从裁判，尊重对手。

（四）任何参赛人员不得在比赛期间对裁判人员施加影响和干扰，一经发现，由竞赛监督委员予以严肃处理。

### 第八条　申诉

一、仲裁委员会只受理运动队在比赛时裁判长对本队运动员的扣分有异议的申诉

二、申诉程序

参赛队对裁判长扣分有异议时，必须在该场该项比赛结束后15分钟内，由该队领队或教练向仲裁委员会以书面的形式提出申诉，同时交付1000元申诉费。一次申诉仅限一个内容。

仲裁委员会依据申诉内容进行认真审议，查看仲裁录像，如裁判长扣分正确，提出申诉的运动队必须坚决服从。如果因不服而无理纠缠，根据情节轻重，可由仲裁委员会建议竞赛监督委员会给予严肃处理，直至取消比赛成绩；如裁判长扣分错误，仲裁委员会提出申请，由竞赛监督委员会对裁判长进行处理，但不改变裁判结果，退回申诉费。

裁决结果应及时通知有关各方。

## 第三章　竞赛通则

### 第九条　竞赛性质

一、竞赛类型分为

（一）个人赛。

（二）团体赛。

（三）个人及团体赛。

二、按年龄可分为

（一）成年赛。

（二）青少年赛。

（三）儿童赛。

三、按拳种内容分为

（一）各单练拳术和器械的个人项目比赛。

（二）对练项目比赛。

（三）集体项目比赛。

（四）综合项目比赛。

## 第十条　竞赛和表演项目

一、竞赛项目

（一）流传有序的各武术拳种流派的传统套路，包括单练的拳术、器械、对练和集体项目。

（二）在群众中广泛流传的其他武术套路，包括各种规定的拳术、器械和功法等项目。

二、集体表演项目

以武术动作为主要内容，并具有一定艺术性的集体武术综艺表演项目。

## 第十一条　竞赛年龄分组

儿童组（A组）：12周岁以下。

少年组（B组）：12周岁至17周岁。

青年组（C组）：18周岁至39周岁。

中年组（D组）：40周岁至59周岁。

老年组（E组）：60周岁和60周岁以上。

## 第十二条　比赛顺序的确定

在竞赛监督委员会和总裁判长的监督下，由编排记录组运用计算机程序进行分组排序，确定项目比赛顺序和运动员上场顺序。

## 第十三条　检录

运动员须在赛前30分钟到达指定地点报到，参加第一次检录，并检查服装和器械。赛前20分钟进行第二次检录，第三次检录时间为赛前10分钟。

## 第十四条　礼仪

运动员听到上场点名时、完成比赛套路后和裁判长宣布最后得分时，应向裁判长行抱拳礼。

## 第十五条　计时

运动员由静止姿势开始肢体动作，计时开始；运动员结束全套动作后并步站立，计时结束。

## 第十六条　示分

运动员的比赛结果，公开示分。

## 第十七条　弃权

不能按时参加检录与比赛者，按弃权论处。

## 第十八条　兴奋剂检测

根据国际奥林匹克宪章的规定和国际奥委会的有关要求，进行兴奋剂检测。

## 第十九条　名次和等级奖项的评定

一、名次评定

（一）个人项目、对练项目和集体项目名次。

按比赛的成绩高低排列名次。得分最高者为该单项的第一名，次高者为第二名，依此类推。

（二）个人全能名次。

根据规程规定，按各单项得分总和的多少进行评定，得分最多者为全能第一名，次多者为第二名，依此类推。

（三）团体名次。

根据竞赛规程关于团体名次的确定办法进行评定。

二、得分相等的处理

（一）个人项目、对练项目和集体项目得分相等的处理。

1. 两个无效分的平均值接近有效分的平均值者列前。

2. 两个无效分数的平均值高者列前。

3. 两个无效分数中，低无效分数高者列前。

4. 如仍相等，名次并列。

（二）个人全能得分相等时，以比赛中获得单项第一名多者列前；如仍相等，则以获得第二名多者列前，依此类推；如获得所有名次均相等，则名次并列。

（三）团体总分相等时，以全队获得单项第一名多者列前；如仍相等，则以获得第二名多者列前，依此类推；如获得单项名次均相等，则名次并列。

三、等级奖项的评定

个人项目、对练项目、集体项目分别设一、二、三等奖。确定获奖等级的方法是按各项最后得分多少排序，各奖项的比例由竞赛规程规定。

## 第二十条　集体表演项目的评定

（一）集体表演项目奖项设一、二、三等奖。

确定获奖等级的方法是按得分的多少排序，各奖项的比例由竞赛规程规定。

（二）集体表演项目也可以设置其他特别奖项。

集体表演项目设置的特别奖项由竞赛规程规定。

## 第二十一条　套路完成时间的规定

一、个人项目和对练项目

完成套路时间为50秒至2分钟（太极拳、剑和功法项目除外），运动员演练至1分30秒时，由裁判长鸣哨提示。

二、太极拳项目

（一）太极拳项目。

完成套路时间为4~6分钟，运动员演练至4分钟时，由裁判长鸣哨提示。

（二）太极剑项目。

完成套路时间为3~4分钟，运动员演练至3分钟时，由裁判长鸣哨提示。

三、功法项目

完成套路时间为2~4分钟，运动员演练至2分30秒时，由裁判长鸣哨提示。

四、集体项目

完成套路时间不得超过4分钟。

五、集体武术综艺表演项目

完成套路时间不得超过6分钟。

六、运动员比赛时完成套路的时间以裁判组的秒表所计的时间为依据

运动员比赛时裁判组用2块秒表计时。当运动员完成套路的时间不符合有关规定，同时裁判组的2块秒表所计时间又不相同时，以较接近规定时间的1块表所计时间为准。

七、根据竞赛性质和竞赛内容的不同，可在规程中对完成套路时间做出相应的规定

## 第二十二条　集体项目人数的规定

集体项目不少于6人，集体表演项目人数不限或按照竞赛规程规定。

## 第二十三条　配乐

（一）配乐项目按规程规定执行。

（二）凡配乐项目必须使用纯音乐，音乐主题与套路主题相和谐。

（三）动作开始的前奏曲和动作结束后的音乐尾声，须控制在15秒以内；音乐须使用光盘或MP3播放器录制，比赛音乐须独立录制和备份。

（四）各代表队须在配乐项目比赛前第一次检录时，将本队音乐光盘或MP3播放器进行检录，交至放音员处，并配合放音员完成本队比赛音乐播放。

## 第二十四条　未完成套路规定

运动员未完成套路不予评分。

## 第二十五条　重做

运动员因主客观原因造成比赛套路中断，可以申请重做一次。重做项目可安排在该类项目最后一名上场，若出现最后一名选手重做，则允许休息5分钟后上场。

## 第二十六条　服装

（一）裁判员应穿统一的武术裁判服装。

（二）运动员可穿具有运动特色、项目特色、民族特色、时代特色的适合武术运动的比赛服装和武术鞋。

（三）规程可以根据竞赛性质、内容，统一规定运动员的比赛服装。

## 第二十七条　竞赛场地

（一）个人项目和对练项目的竞赛场地为长14米，宽8米，场地四周内沿应标明5厘米宽的白色边线，场地的长和宽均由边线的外沿开始计算。场地周围至少有2米宽的安全区域。

（二）集体项目的竞赛场地为长16米，宽14米，场地四周内沿应标明5厘米宽的白色边线，场地的长和宽均由边线的外沿开始计算。场地周围至少有1米宽的安全区域。

（三）竞赛场地的地面空间高度不少于8米；两个场地之间的距离在4米以上；场地灯光垂直照度和水平照度应在规定范围之内。

（四）竞赛场地应有明显场地编号标志；场地周围应设置仲裁录像和电子示分屏的位置；场地一侧设置裁判席。所有设置均应保持与场地边线2米以上距离。

（五）裁判席右侧后方运动员临场处，应设置2~4名运动员临场席。

### 第二十八条　比赛器械

可以使用任何武术器械或由规程规定的器械。

### 第二十九条　其他比赛设备

根据竞赛规模大小和需要配备摄像机、放像机、电视机和音响设备。

## 第四章　评分方法与标准

### 第三十条　竞赛项目评分方法与标准

一、各项目比赛的满分为10分

二、评分方法

（一）裁判员根据运动员现场技术演练发挥的水平，与“等级评分总体要求”的相符程度，按照评分的等级标准，并与其他运动员进行比较，确定运动员的等级分数。在此基础上，减去“其他错误”的扣分即为运动员的得分。裁判员评分可到小数点后2位数，尾数为0~9。

（二）应得分数的确定。

3名裁判员评分时，取3名裁判员评出的运动员得分的平均值为运动员的应得分；4名裁判员评分时，取中间2名裁判员评出的运动员得分的平均值为运动员的应得分；5名裁判员评分时，取中间3名裁判员评出的运动员得分的平均值为运动员的应得分。应得分可取到小数点后2位数，第3位数不做四舍五入。

（三）裁判长对评分的调整。

当评分中出现明显不合理现象时，在示出运动员最后得分之前，裁判长可调整运动员的应得分。裁判长调整分数范围为0.01分至0.05分。如须调整更大幅度方可纠正明显不合理现象时，裁判长须经总裁判长同意，调整分数范围扩大为0.05分至0.1分。

（四）最后得分的确定。

裁判长从运动员的应得分中减去“裁判长的扣分”或加上“裁判长的调整分”，即为运动员的最后得分。

三、评分标准

（一）等级分的评分标准。

1. 技术演练综合评定评分标准。

分为3档9级，其中：8.50~10.00分为优秀；7.00~8.49分为良好；5.00~6.99分为尚可。

2. 等级评分总体要求。

（1）动作规范，方法正确，风格突出。运动员应表现出所演练的拳种及项目的技术特点和风格特点，应包含该项目的主要内容和技法。

（2）劲力顺达，力点准确，动作协调。通过运动员的肢体以及器械应表现出该项目的劲力、方法特点，手、眼、身、法、步配合协调，器械项目要求身、械协调。

（3）节奏恰当，精神贯注，技术熟练。应表现出该项目的节奏特点。

（4）结构严密，编排合理，内容充实。整套动作应与该项目的技术风格保持一致，具有传统性。

（5）武术功法项目应动作规范、松静自然；动作规范，圆活连贯，呼吸顺畅；意念集中，风格突出；连贯圆活，速度适宜，神态自然，呼吸顺畅，意念集中，演练神韵与项目特点融合。

（6）对练项目应内容充实，结构紧凑，动作逼真，风格突出，配合严密，攻防合理。

（7）集体项目应队形整齐，应以该项目的技术为主要内容，突出该项目的风格、特点，配合默契，动作整齐划一，结构恰当，布局匀称，并富于一定的图案变化。

（8）配乐项目应动作与音乐和谐一致，音乐的风格应和该演练项目的技术风格一致，或动作结束时音乐突然中断，缺乏完整性。

（二）裁判员执行的其他错误内容及扣分标准。

1. 遗忘：扣0.1分。

2. 出界：扣0.1分。

3. 失去平衡：晃动、移动、跳动扣0.1分。

4. 器械、服装影响动作：扣0.1分。

5. 器械变形：扣0.1分。

6. 附加支撑：扣0.2分。

7. 器械折断：扣0.3分。

8. 器械掉地：扣0.3分。

9. 倒地：扣0.3分。

10. 对练项目：击打动作落空，扣0.1分；误中对方，扣0.2分；误伤对方，扣0.3分。

11. 以上错误每出现一次，扣一次；在一个动作中，同时发生两种以上其他错误，应累计扣分。

（三）裁判长执行的其他错误内容及扣分标准。

1. 完成套路时间不足或超出的规定。

（1）运动员完成套路时间，凡不足规定时间或超出规定时间在5秒以内（含5秒），扣0.1分；不足规定时间或超出规定时间超过5秒、在10秒以内（含10秒），扣0.2分；不足规定时间或超出规定时间达10秒以上，扣0.3分，最多扣0.3分。

（2）运动员超过规定时间扣分已达0.3分时，裁判长应请运动员立即收势停止比赛。此种情况应视为运动员完成套路。

2. 运动员在规定套路比赛中每漏做或多做一个完整动作，扣0.1分。

3. 运动员因主观原因未完成套路，经裁判长同意可重做一次。运动员重做后，裁判长在其应得分的基础上，扣1分。运动员因客观原因未完成套路，可重做一次，不扣分。

4. 集体项目比赛的人数，少于竞赛规程规定的人数，每少1人，扣0.5分。

5. 配乐不符合竞赛规程规定者，扣0.1分。

6. 传统拳种各流派项目在演练中出现竞技项目《武术套路竞赛规则》中所规定的B级及B级以上的难度动作，每出现一次，扣1分。

## 第三十一条　表演项目的评定方法与标准

### 一、评分方法

表演项目的满分为10分。裁判员根据运动员现场发挥的技术和表演水平，按照与“表演项目等级评分的总体要求”相符程度并与其他的表演项目进行比较，确定该项目的等级分。裁判员评分可到小数点后2位数，尾数为0~9。

二、评定标准

（一）技术演练综合评定评分标准。

分为3档9级，其中：8.50~10.00分为优秀；7.00~8.49分为良好；5.00~6.99分为尚可。

（二）表演项目等级评分的总体要求。

1. 以武术技术为主要内容，并能较好地吸收和融合其他艺术形式的元素。

2. 能较好地利用其他艺术的表现手法来烘托武术的技术风格。

3. 结构严密，内容充实，技术熟练，配合默契，主题突出，富于时代气息，充分展现积极、健康、向上的精神风貌。

4. 音乐与主题和动作配合紧密、和谐顺畅。

5. 富有创新意识。

### 第三十二条　其他

本规则适合于全国及省、市、自治区各级传统武术套路的比赛。对竞赛性质、任务有特殊要求，可在竞赛规程中做出相应规定。